CON GRIN SUS CONOCIMIENTOS VALEN MAS

- Publicamos su trabajo académico, tesis y tesina

- Su propio eBook y libro - en todos los comercios importantes del mundo

- Cada venta le sale rentable

Ahora suba en www.GRIN.com
y publique gratis

Bibliographic information published by the German National Library:

The German National Library lists this publication in the National Bibliography; detailed bibliographic data are available on the Internet at http://dnb.dnb.de .

This book is copyright material and must not be copied, reproduced, transferred, distributed, leased, licensed or publicly performed or used in any way except as specifically permitted in writing by the publishers, as allowed under the terms and conditions under which it was purchased or as strictly permitted by applicable copyright law. Any unauthorized distribution or use of this text may be a direct infringement of the author s and publisher s rights and those responsible may be liable in law accordingly.

Imprint:

Copyright © 2009 GRIN Verlag
Print and binding: Books on Demand GmbH, Norderstedt Germany
ISBN: 9783668723900

This book at GRIN:

https://www.grin.com/document/427283

Rachida Hammouche-Bey Omar

Pasado, presente y perspectivas de la música andalusí en Orán a través de Nassim Al Andalus

GRIN Verlag

GRIN - Your knowledge has value

Since its foundation in 1998, GRIN has specialized in publishing academic texts by students, college teachers and other academics as e-book and printed book. The website www.grin.com is an ideal platform for presenting term papers, final papers, scientific essays, dissertations and specialist books.

Visit us on the internet:

http://www.grin.com/

http://www.facebook.com/grincom

http://www.twitter.com/grin_com

Hammouche-Bey Omar Rachida

Grade MCA

Université d'Oran 2, Département d'Espagnol, Faculté des langues étrangères

Enseignante chercheur au laboratoire LOALP

Pasado, presente y perspectivas de la música andalusí en Orán a través de Nassim Al Andalus

La ciudad de Orán no es conocida únicamente por la música del raï sino por otras que pertenecen al patrimonio nacional y que algunas asociaciones como Nassim al Andalus proponen a la capital del oeste. Esta asociación representante de la escuela de Tlemcen, existe en nuestra ciudad desde 1969 y fue creada por un grupo de universitarios melómanos, amorosos y ávidos de explorar esta herencia musical tradicional. Su objetivo principal es de aprender y conocer las profundidades de este arte muy apreciado en aquella época de posguerra (1962) por una minoría de gente.

La música andalusí llamada arábigo-andaluza o arabo-andalusí o arabo andaluza es un estilo de música árabe que se da en África del Norte, aunque se dio en Al Andalus entre los siglosIX y XV. Este arte llamado auténtico museo oral constituye con la poesía una de las formas de expresión más importantes de la civilización árabe. El artista árabe encontró en la música y la poesía una evasión que le permitirá plasmar el genio que encerraba en su interior. El patrimonio musical es una de las más bellas huellas que han dejado los árabes de Al Andalus a la historia.

Esta música nació en otra parte del mar, sobre suelo peninsular ibérico, con gente propia de aquí, creadora de una cultura que fue la más brillante del occidente y muy famosa durante más de ocho siglos. Este legado andalusí encontró refugio en las costumbres de los moriscos ibéricos pasando por exclamaciones como "ojalá" (In sha Allah) y "Olé" (Allah) y propagando nuevos tipos de expresiones musicales como los verdiales, la saeta, y el cante jondo. La transmisión se hacía de unas generaciones a otras oralmente.

Tratando de la música andalusí estamos obligados a evocar al artista y poeta baghdadi-cordobés Abu Al-Hasan Ali ibn Nafi conocido por el apodo de Ziryab (789-857) (lo llamaron así para asemejarlo a un mirlo y también por la tez oscura de su piel). Huyó los celos de su maestro Ishak El Mawsili y se dirigió hacia la corte Omeya de Córdoba del califa Abd al

Rahman II para poder expresar su genio y elaborar una música tal como la conocemos hoy día. En Córdoba creó la escuela de música andalusí fundada en una concepción metafísica de la harmonía universal en oposición a la escuela tradicionalista de Baghdad. Para Ziryeb la música es una terapia del cuerpo y del alma "restablece el equilibrio de los humores y alimenta el espíritu."[1] Guettat Mahmoud dice de este artista que es "un creador original que supo reunir en la misma persona el arte de Ishak El Mawsili[2] y la ciencia de un Al Kindi[3]"[4]Se decía de este pedagogo que en el sistema de su enseñanza sabía crear una inter-relación en el mismo espacio entre el canto y el sujeto intérprete.

Ziryab no trajo solamente la rica experiencia del refinamiento cortesano abasí, sino que influyó decisivamente en el desarrollo de la tradición musical árabe en la península ibérica. Se le atribuyó el invento del plectro (llamado también púa)[5] utilizando la pluma delantera del águila y también añadió la quinta cuerda al laúd creando así una escuela musical sin precedente. A propósito de la quinta cuerda decía que "simboliza la respiración, el soplo vital, el puente entre el alma y el cuerpo, el instrumento del espíritu para mantener el cuerpo vivo y los humores en equilibrio"[6]. La tradición lo ha considerado como el padre de la música de Al Andalus. Mientras que en Occidente triunfaba la música gregoriana, adaptada a la liturgia católica y calcada de la lengua latina. Ziryab se había convertido en Occidente en el pionero de la música profana. Revolucionó el mundo árabe de aquella época con su espíritu inquieto y renovador que le llevó incluso a realizar sus propios instrumentos musicales.

En aquella época la composición musical por excelencia es la "nawba", vulgarmente conocida como "nuba" y que equivale a una especie de sinfonía elaborada por composiciones melódicas donde la exaltación del amor, la belleza y la sensualidad alcanzan su máxima expresión. La "nuba" es también obra y prueba de la existencia de Dios. Se cantaba por los viajeros amantes de este nuevo tipo de cantos que se fueron las ciudades de Toledo, Sevilla y

---

[1] CREUS, Jesús, (1993): *Ziryab*. Traduit de l'espagnol par François Gaudry. Paris: Ed. Phébus. p.127
[2] Ishak El Mawsili: (767-850) es un músico kurdo, Introdujo la música en la corte del califa Haroun al-Rachid en el siglo VIII. Fundó en Bagdad el primer conservatorio de « la música arabo-musulmana». Será su alumno Ziryab, promotor de este tipo de música que la divulgó en Andalucía . Esta música inspiró muchísimo el flamenco de toda Andalucía.
[3] Abū Yūsuf Yaqūb ibn Isḥāq al-Kindī (801 à Kufa-873) conocido por el apodo Al-Kindi, conocido como uno de los más grandes filósofos árabes. Al-Kindi es un sabio completo en todos los dominios: filosofía, matemáticas, medicinas música, física astronomía…escribió *el tratado relativo hacia el conocimiento interior de las melodías* fundado en las teorías de los griegos y que comprende un sistema de notación musical fonético.
[4] GUETTAT, Mahmoud, (1980) : *La musique classique du Maghreb*. Paris : Ed. Sinbad, Coll. La bibliothèque arabe.
[5] La púa sirve para tocar la guitarra. En traducción francesa por (le médiator)
[6] CREUS, Jesús, Idem .p.68

Zaragoza. Hay canciones que se han perdido y que se han sustituido por otras de la tradición clásica magrebí, sabiendo que es la fuerza de la tradición oral que ha mantenido este repertorio vivo.

En Orán, la asociación cultural N.E.A. con sus más cuarentas años de existencia, tiene como objetivo principal de perpetuar este patrimonio de música clásica transmitido por los árabes de Al Andalus y de interpretarlos escrupulosamente según la tradición. Estos últimos años esta asociación se ha distinguido por un espíritu de investigación y una asiduidad permanente al contactar maestros talentosos a fin de enriquecer y refinar su conocimiento de esta herencia muy rica y todavía fascinante.[7]

Los contactos de algunos miembros de esta asociación tales como los Mesli, los Bey Omar, los Chiali, Dali Youcef, Benmansour, …con el prodigioso Cheikh Redouane Bensari, hijo del maestro y virtuoso Cheikh Larbi Bensari, que vivía en Casablanca, es de recuperar trozos musicales casi desaparecidos o en vía de desaparición. Estos fructuosos viajes hacia Marruecos fueron para la asociación una experiencia grandiosa que permitió la actualización del repertorio musical de la escuela y su transmisión a las futuras generaciones.

Las relaciones que mantuvieron con Cheikh Redouane permitieron traer cintas sonoras, interpretaciones de las qacidat (como la magnífica canción de "el kaoui"), las "nubas", y entrevistas en las cuales el maestro daba todo tipo de consejos.

La "nuba" como lo proclaman los miembros de la asociación es muy parecida a los maravillosos palacios y jardines de la Alhambra. Son pues una elevada concepción y expresión de la sensibilidad refinada, de tal modo que llegaron a componerse veinticuatro, dedicándose una para cada hora del día de manera que pudieran adaptarse a las distintas condiciones y estados del espíritu humano a lo largo del día. Como no existía una transcripción musical se han perdido doce nubas. Actualmente ciertos músicos dicen que se ha recuperado la decimotercera nuba. Pero no se puede averiguar científicamente el resultado de esta afirmación y el conflicto persiste todavía entre diferentes musicólogos. Tratando del texto musical Sabeha Benmansour escribe: "Il serait imprudent d'omettre de rappeler combien il a été malmené par les épreuves de l'Histoire, comment il a été violé, effacé, et combien les traversées successives ont pu laisser comme blancs et silences dans l'effort de transmission auquel originellement il invitait"[8] La "nuba" se ejecuta según diferentes modos

---

[7] Leer el artículo de Djamel Benachour del 28 de avril 1994.
[8] BENMANSOUR, Sabeha, (2002) : *Le texte musical andalou : entre tradition et inscription dans la modernité*. Algérie : Horizons Maghrébins, Le droit à la mémoire, n° 47, p. 38.

que son: *La Metchalia* que tiene como papel de anunciar el modo, seguida de la *Touchia* pedacito musical instrumental. Después viene el *Mceder*, que corresponde al primer trozo cantado, seguido del *Btaïhi*. El tercer trozo musical es el *Dardj*, el cuarto el *Insiraf* y por fin el quinto el *Khlass*. En general entre el *Dardj* y el *Insiraf*, el *Istikhbar* es interpretado por un cantante solista. El segundo genio de esta música es que a cada movimiento corresponde un ritmo. Viendo la evolución muy adaptada a la música clásica, los europeos se han inspirado de las "nubas" para crear lo que han llamado algunos años después por la sinfonía. Para hacernos una idea, "la nuba" es un compendio de canciones y fragmentos instrumentales, compuestas a partir de varias formas poéticas como la *muwassaha* (*moaxaja*)[9], el *zéjel*[10], la *qasida*[11] y el *mawwal*[12].

Los instrumentos esenciales utilizados para este tipo de música son:

El úd, instrumento favorecido de la música árabe, se compone de seis cuerdas, el rebab instrumento de dos cuerdas, se toca esencialmente en la nota re, y el violín o kamendja puesto en las rodillas del artista para permitirlo cantar. Los instrumentos de percusión son el tar y la derbouka que por excelencia dan la cadencia y el ritmo de la música. La posición de los artistas es muy importante. El director se coloca en el centro con un úd o un rebab y a sus lados, cada uno en su sitio predeterminado y formando un semicírculo el resto de los músicos.

En los reinos de Taifas, la música gozó de un período de máximo esplendor. Las escuelas de música acogían a mujeres, tanto a musulmanas como cristianas que, tras una dura etapa de formación en otras disciplinas, pasarían a formar parte de orquestas, amenizando las tertulias palaciegas (aristocráticas) y cortesanas. En la orquesta de Nassim al Andalus muchas jóvenes han evolucionado en este grupo musical y han recibido una formación tan rigorosa que algunos años después pudieron crear su propio grupo. El ejemplo concreto es el caso de la cantante Rym Hakiki.

La asociación-escuela N.E.A. cuya sede está en la calle Cheikh Mebarek El-Mili número 11 en Orán, funciona todas las tardes con tres niveles de

---

[9] La moaxaja (del árabe *muwashaha*; o *muwassaha*, que significa "adornado con un cinturón de doble vuelta") es una composición poética culta propia de la España musulmana

[10] El zedjal o zedjal, pertenece a la poesía postclásica derivada de la muwassaha cuyo sentido es de "conmover con la voz cantada". Estos géneros han nacido en el Andalus a partir del siglo XII.

[11] La qasida, (se escribe *qasîda*, *qaçida* ou *qasideh* et *ghasideh*) en arabe قصيدة, es una forma de poesía originaria de Arabia pre islámica. La qasida está compuesta de 50 y a veces de 100 versos.

[12] El mawwal, que suele ser cortos y hechos de palabras lo que les da un carácter muy rítmico. Se utiliza sobre todo para el final.

enseñanza. Los profesores filántropos y al mismo tiempo benévolos, amantes de este arte, son por lo general miembros de la orquestra. Se trata de enseñar a los principiantes el solfeo que es la base de este aprendizaje y también como lo formula el Doctor Yahia Ghoul, uno de los fundadores de la asociación, aprender la transcripción musical que debe ser actualmente una necesidad imperativa para la conservación de este tesoro que proviene de Al Andalus. Se proponen también como finalidad de comunicar lo que se llama *texto musical*[13] como tejido en el cual figuran harmoniosamente el canto, la música y los poemas. Uno de sus objetivos es como lo proclama su director en la entrevista del 14 de febrero de 2009 es enseñar a los jóvenes alumnos en un clima de convivencia lo noción del reparte y eso a través de la música.

La participación del grupo de N.E.A. a las diferentes actividades culturales dentro y fuera del país permitió al grupo tener una fama tanto nacional como internacional y también de intercambiar su modo de expresión y evaluarse con otras orquestras del Maghreb y del mundo árabe.

Para citar algunas de sus manifestaciones nombramos a:

-Participación anual al festival de la música tradicional de Tlemcen

- 1977, Premio especial al festival en Testour (Túnez)

- 1981, Participación del festival anual del malouf en Constantine.

- 1979, Fiesta del 5 de julio en París, y 1982, Fiesta del Primer de noviembre en Besançon.

-1983, Premio especial en el festival de los artes populares en Jerash (Jordania).

-1993, Ronda en Marruecos (Oujda, Fez, Sefrou, Imouzer, Tanger Rabat.)

---

[13] BENMANSOUR, Sabeha, Ibid. pp.36-39.

Para la transmisión del mensaje musical, animan en la escuela ciclos de conferencias seguidos de debates muy provechosos a todas las generaciones teniendo con objetivo de propagar este tipo musical desconocido.

En su programa han previsto una serie de homenajes dedicados a los famosos Cheikh como:

-Cheikh Ahmed Mansour de Béjaia en 2008

-Doctor Mohamed Amine Mesli en 2007

-Cheikh Mustapha Senouci Bereksi en 1998, Mustapha Skandrani, Cheikh Redouane, (ver los periódicos citados en la bibliografía) Abdelkrim Dali…forman parte de las manifestaciones que la asociación-escuela se dio como objetivo.

Concluimos con una cita del cancionero de Al- Haik.F. Valderrama Martínez (1954) diciendo que "la música no fatiga al cuerpo ni a sus miembros, por ser descanso del alma, primavera del corazón, distracción del afligido, entretenimiento del solitario, y viático del viajero, debido al efecto que produce la voz hermosa sobre el cuerpo, invadiéndolo todo."

La música es sin duda una de las artes más hermosas que nos lleva a conocer el sentir de un pueblo, y en la cultura arabo-islámica constituye junto con la poesía una de las formas de expresión más importantes de su civilización. El artista árabe encontró en la música y la poesía esa evasión que le permitiría plasmar el genio que encerraba en su interior, de ahí que su patrimonio musical sea una de las más bellas huellas que ha ido dejando a través de su andadura histórica como un auténtico museo oral. Dentro de este patrimonio, la música andalusí, dadas sus características, es un hecho cultural imprescindible para el conocimiento de la civilización arabo-islámica en su rama hispano-árabe (CORTES GARCIA, 1996).

¡Oh cara de luna llena!,
¡oh sol tras la nube!,
no pude soportar mi sufrimiento y pasión.
¡Cuántas veces le escribo enviándole cartas!,
tal vez me conteste.
Si se prolongara tu alejamiento,
pienso que moriré.
Amor mío, sé amable y generoso en tu unión,
tú mi enfermero y mi médico.

(Anónimo)
Sana'a. Nuba de los Poetas de Al-Andalus

Bibliografía

Libros:

CREUS, Jesús, (1993): *Ziryab*. Traduit de l'espagnol par François Gaudry. Paris: Ed. Phébus.

Revistas :

BENMANSOUR, Sabeha, (2002) *Le texte musical andalous : entre tradition et inscription dans la modernité*. Algérie : Horizons Maghrébins, Le droit à la mémoire, n° 47.

EL HASSAR, Abdelkader Salim, *Musique andalouse et ses dérivés. La mémoire oubliée.*

Periódicos

Ouest Tribune du vendredi 25 juin 1993. *Paco, Hommage à Cheikh Redouane Bensari.* K.T.R.

El Djouhouria du 26 juin 1993. *Cheikh Redouane Bensari L'Art qui ne meurt pas.*

Le Matin du dimanche 27 juin 1993.*Musique andalouse, Hommage à Cheikh Redouane Sari, Au rythme du « ôud ».* J. Rahal. N° 496.

El moudjahed Ouest, n° 82, semaine du 27 juin au 3 juillet 1993.*Nassim el Andalous fête Cheikh Redouane.* A.Djemai.

Alger Républicain du Lundi 05/07/ 1993. *L'hommage mérité à Cheikh Redouane Bensari.* Sid Ahmed Hadjar dans la rubrique « Régions. »

Ouest Tribune du jeudi 28 avril 1994. *Association culturelle Nassim El Andalous, Une nouba...à l'honneur.* Djamel Benachour.

Ouest Tribune du samedi 4 mars 1995. *Palais de la culture d'Oran. Nassim el andalous en euphorie.* O.M.

El Wattan du 6 janvier 2000. *Nassim el Andalous, ambassadrice mélomane.* Djamel Benachour.

Ouest France du mardi 16 mai 2000. *Concert dans le jardin de la mairie de la formation musicale d'Oran. Parfum de fraternité avec Nassim.*

Vendée Matin, Presse Océan, Vendredi 12 mai 2000. *Samedi, musique arabo andalouse et action de solidarité à La Roche-sur Yon avec le groupe Nassim el Andalous.* D. Mérieau.

Le Matin d'Oran du 23 avril 2001. *Association Nassim el Andalous, Sauvegarder la musique.* M.A.

Le quotidien d'Oran du samedi 27 juillet 2002. *Il est décédé mercredi à Casablanca. Cheikh Ahmed Bensari « Redouane » n'est plus.* Allal Bekkai.

Le quotidien d'Oran du samedi 14 février 2009. *L'association Nassim El Andalous fête ses 40 bougies. La musique, luth à la main.* El Kebir A.

Historique de l'association culturelle Nassim El Andaluz et son palmarès fait par les membres de l'association (N.E.A.)

CON GRIN SUS CONOCIMIENTOS VALEN MAS

- Publicamos su trabajo académico, tesis y tesina

- Su propio eBook y libro - en todos los comercios importantes del mundo

- Cada venta le sale rentable

Ahora suba en www.GRIN.com
y publique gratis